Impressum
Verlag: BABADADA GmbH, Nedderfeld 112 , 22529 Hamburg
Geschäftsführer / Verlagsleitung: Harald Hof
Druck: Books on Demand GmbH, In de Tarpen 42, 22848 Norderstedt

Imprint
Publisher: BABADADA GmbH, Nedderfeld 112 , 22529 Hamburg, Germany
Managing Director / Publishing direction: Harald Hof
Print: Books on Demand GmbH, In de Tarpen 42, 22848 Norderstedt, Germany

Schule
škola

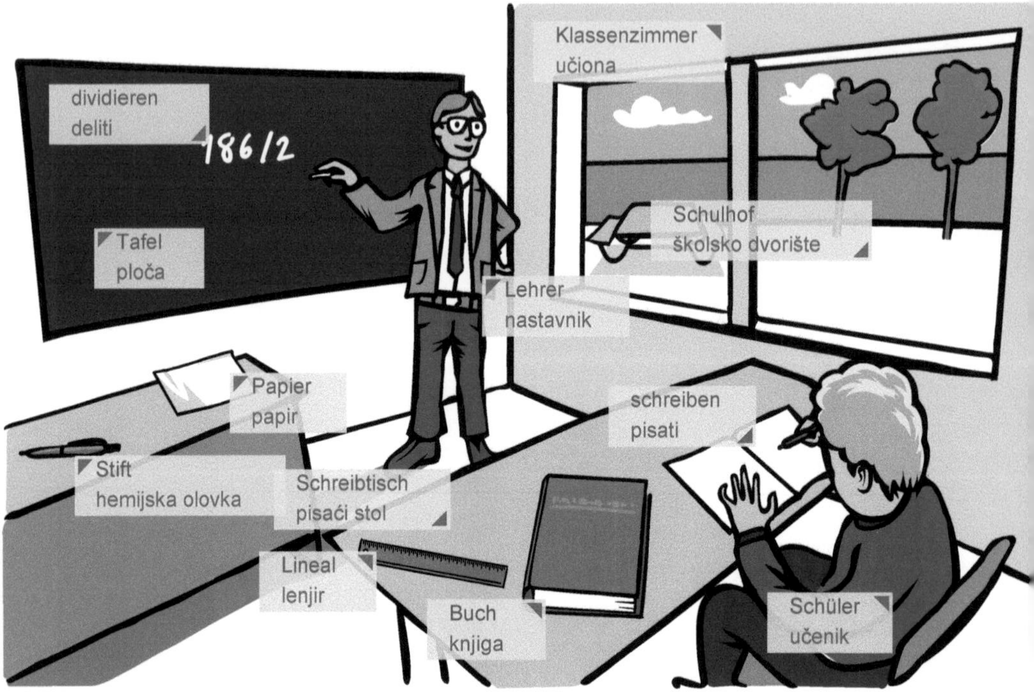

Klassenzimmer
učiona
dividieren
deliti
186/2
Schulhof
školsko dvorište
Tafel
ploča
Lehrer
nastavnik
Papier
papir
schreiben
pisati
Stift
hemijska olovka
Schreibtisch
pisaći stol
Lineal
lenjir
Buch
knjiga
Schüler
učenik

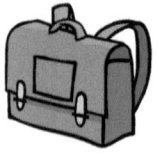

Ranzen
torba

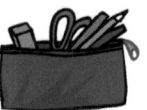

Federmappe
pernica

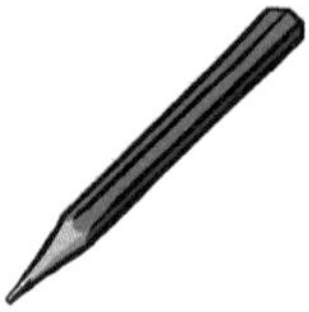

Bleistift
grafitna olovka

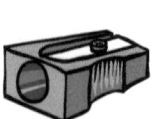

Bleistiftanspitzer
šiljilo za olovke

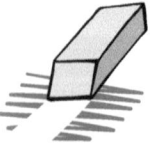

Radiergummi
gumica za brisanje

Zeichenblock
blok za crtanje

Zeichnung
crtež

Pinsel
kist

Malkasten
kutija sa bojama

Schere
makaze

Klebstoff
lepilo

Übungsheft
beležnica

Hausaufgabe
domaći zadatak

Zahl
broj

addieren
sabirati

subtrahieren
oduzimati

multiplizieren
množiti

rechnen
računati

Buchstabe
slovo

Alphabet
abeceda

Wort
reč

Text

tekst

lesen

čitati

Kreide

kreda

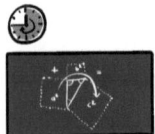

Stunde

čas

Klassenbuch

dnevnik

Prüfung

ispit

Zeugnis

svedočanstvo

Schuluniform

školska uniforma

Ausbildung

obrazovanje

Lexikon

leksikon

Universität

univerzitet

Mikroskop

mikroskop

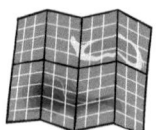

Karte

karta

Papierkorb

košara za papir

Schule - škola

Reise
putovanje

Hotel
hotel
Grand
Herberge
prenoćište
ROOMS
Wechselstube
menjačnica
Koffer
kofer
Auto
auto

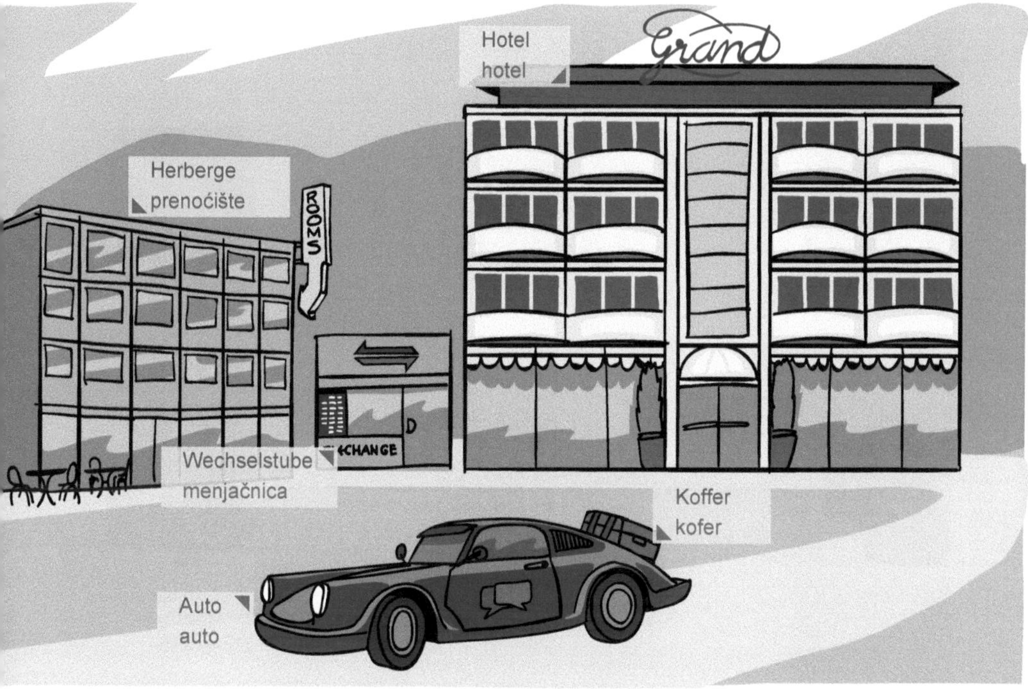

Sprache
....
jezik

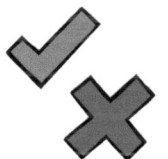

ja / nein
....
da / ne

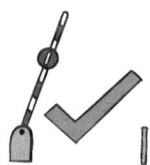

Okay
....
okej

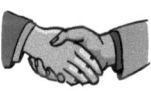

Hallo
....
zdravo

Übersetzer
....
prevodilac

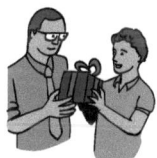

Danke
....
hvala

Was kostet...?

Koliko košta...?

Ich verstehe nicht

ne razumem

Problem

problem

Guten Abend!

dobro veče!

Guten Morgen!

Dobro jutro!

Gute Nacht!

Laku noć!

Auf Wiedersehen

doviđenja

Richtung

smer

Gepäck

prtljaga

Tasche

torba

Rucksack

ruksak

Gast

gost

Zimmer

soba

Schlafsack

vreća za spavanje

Zelt

šator

Touristeninformation

turističke informacije

Strand

plaža

Kreditkarte

kreditna kartica

Frühstück

doručak

Mittagessen

ručak

Abendessen

večera

Fahrkarte

karta za vožnju

Fahrstuhl

lift

Briefmarke

poštanska markica

Grenze

granica

Zoll

carina

Botschaft

ambasada

Visum

viza

Pass

pasoš

Transport
transport

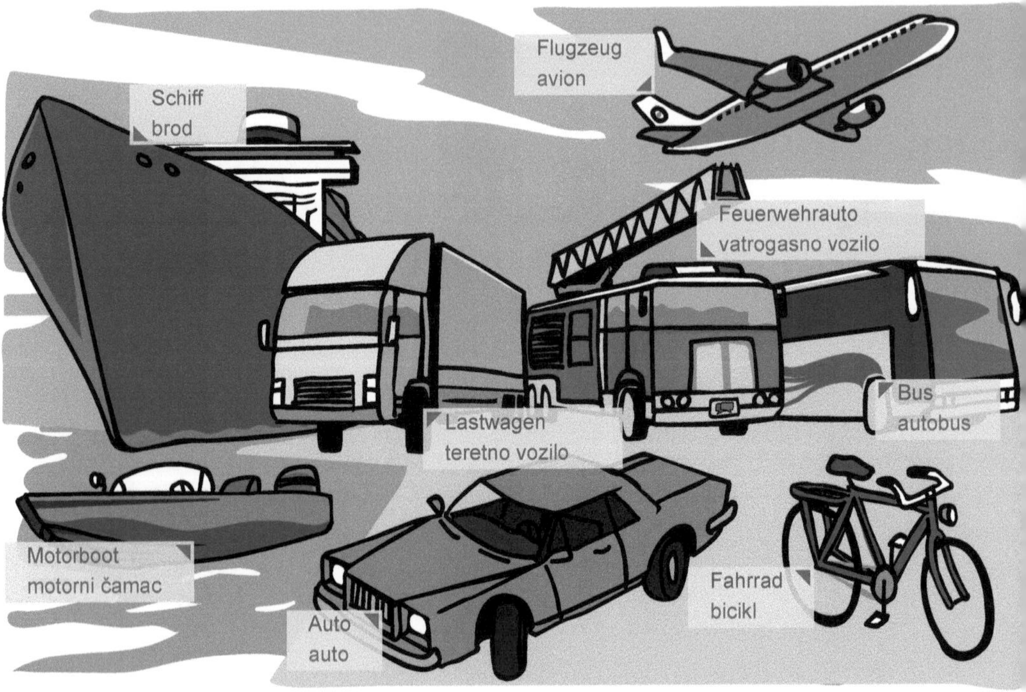
Flugzeug
avion
Schiff
brod
Feuerwehrauto
vatrogasno vozilo
Bus
autobus
Lastwagen
teretno vozilo
Motorboot
motorni čamac
Fahrrad
bicikl
Auto
auto

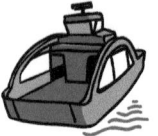

Fähre

trajekt

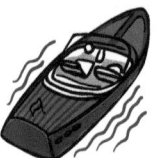

Boot

čamac

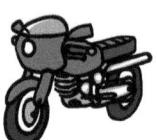

Motorrad

motocikl

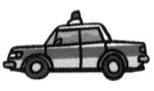

Polizeiauto

policijski auto

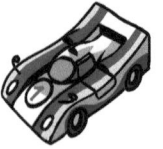

Rennauto

trkaći auto

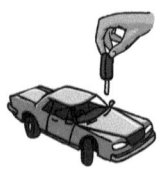

Mietwagen

iznajmljeno auto

Carsharing

delenje automobila

Abschleppwagen

vučno vozilo

Müllauto

vozilo za odvoz smeća

Motor

motor

Kraftstoff

benzin

Tankstelle

benzinska stanica

Verkehrsschild

saobraćajni znak

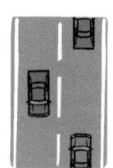

Verkehr

saobraćaj

Stau

zastoj

Parkplatz

parkiralište

Bahnhof

železnička stanica

Schienen

šine

Zug

voz

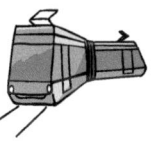

Straßenbahn

tramvaj

Wagon

vagon

Helikopter
helikopter

Flughafen
aerodrom

Tower
kula

Passagier
putnik

Container
kontejner

Karton
karton

Karren
kolica

Korb
korpa

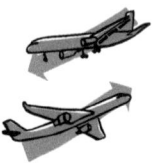

starten / landen
uzleteti / sleteti

Stadt
grad

Dorf
selo

Stadtzentrum
centar grada

Haus
kuća

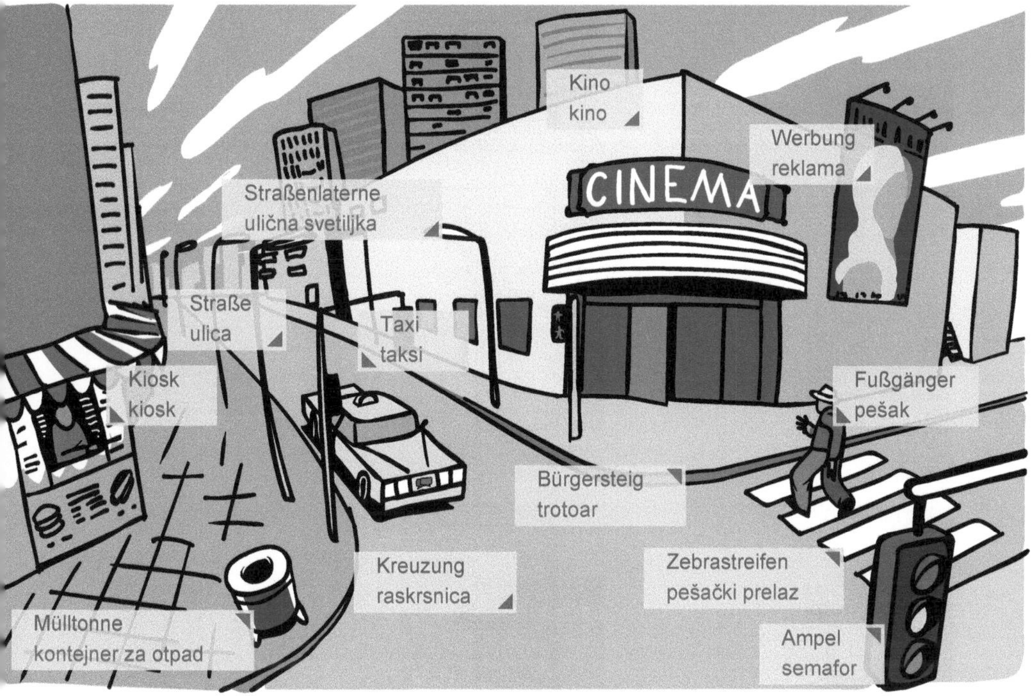
Kino
kino
Werbung
reklama
CINEMA
Straßenlaterne
ulična svetiljka
Straße
ulica
Taxi
taksi
Kiosk
kiosk
Fußgänger
pešak
Bürgersteig
trotoar
Kreuzung
raskrsnica
Zebrastreifen
pešački prelaz
Mülltonne
kontejner za otpad
Ampel
semafor

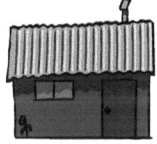

Hütte

koliba

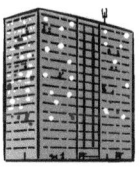

Wohnung

stan

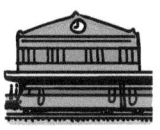

Bahnhof

železnička stanica

Rathaus

većnica

MUSEUM

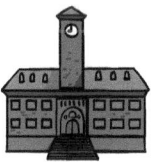

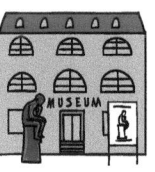

Museum

muzej

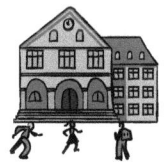

Schule

škola

Universität
univerzitet

Bank
banka

Krankenhaus
bolnica

Hotel
hotel

Apotheke
apoteka

Büro
kancelarija

Buchhandlung
knjižara

Geschäft
prodavnica

Blumenladen
cvećara

Supermarkt
supermarket

Markt
trg

Kaufhaus
robna kuća

Fischhändler
ribarnica

Einkaufszentrum
trgovački centar

Hafen
luka

Park

park

Bank

klupa

Brücke

most

Treppe

stepenice

U-Bahn

podzemna železnica

Tunnel

tunel

Bushaltestelle

autobuska stanica

Bar

bar

Restaurant

restoran

Briefkasten

poštansko sanduče

Straßenschild

ulični znak

Parkuhr

parkirni automat

Zoo

zoološki vrt

Badeanstalt

bazen

Moschee

džamija

Bauernhof

seosko gazdinstvo

Umweltverschmutzung

zagađenje okoline

Friedhof

groblje

Kirche

crkva

Spielplatz

igralište

Tempel

hram

Landschaft

pejsaž

Blatt
list

Wegweiser
putokaz

Weg
put

Wiese
livada

Stein
kamen

Baum
drvo

Wanderer
šetač

Fluss
reka

Gras
trava

Blume
cvijet

Tal

dolina

Berg

planina

See

jezero

Wald

šuma

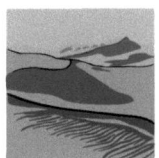

Wüste

pustinja

Vulkan

vulkan

Schloss

dvorac

Regenbogen

duga

Pilz

gljiva

Palme

palma

Moskito

moskito

Fliege

muva

Ameise

mrav

Biene

pčela

Spinne

pauk

Käfer
....
buba

Frosch
....
žaba

Eichhörnchen
....
veverica

Igel
....
jež

Hase
....
zec

Eule
....
sova

Vogel
....
ptica

Schwan
....
labud

Wildschwein
....
divlja svinja

Hirsch
....
jelen

Elch
....
los

Staudamm
....
nasip

Windrad
....
vetrenjača

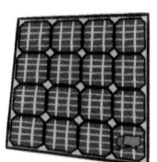

Solarmodul
....
solarna ploča

Klima
....
klima

Restaurant
restoran

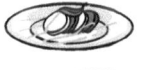

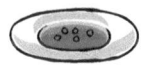

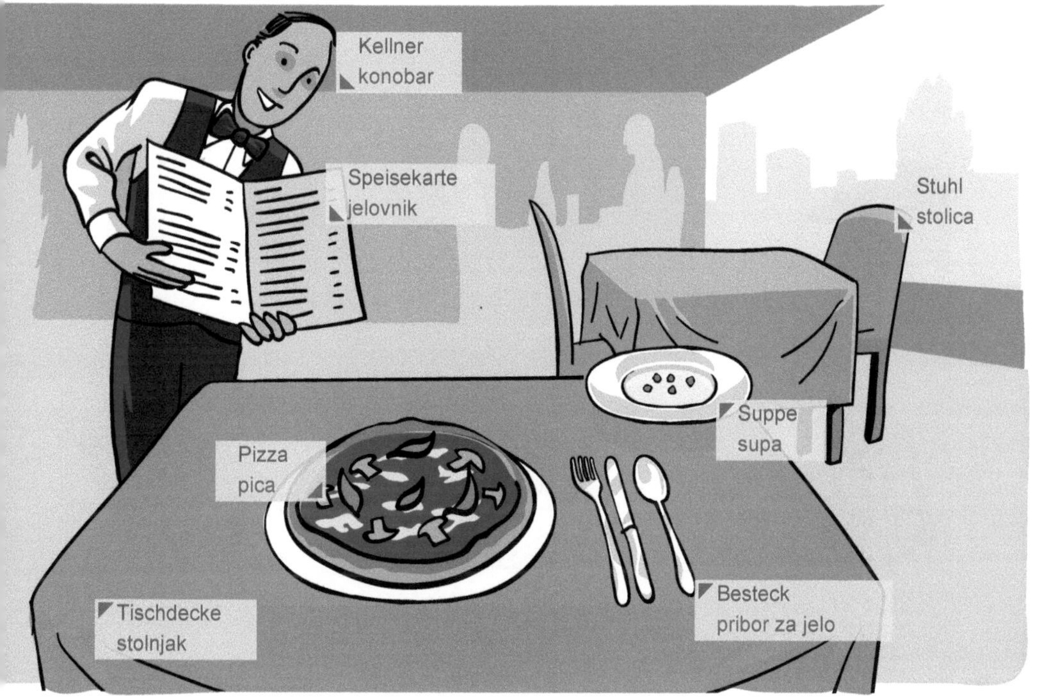

Kellner
konobar
Speisekarte
jelovnik
Stuhl
stolica
Suppe
supa
Pizza
pica
Besteck
pribor za jelo
Tischdecke
stolnjak

Vorspeise

predjelo

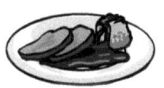

Hauptgericht

glavno jelo

Nachspeise

desert

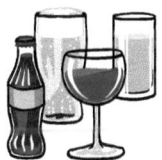

Getränke

napitci

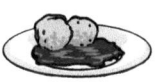

Essen

jelo

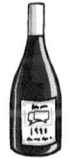

Flasche

flaša

Fastfood

brza hrana

Streetfood

imbis hrana

Teekanne

čajnik

Zuckerdose

doza za šećer

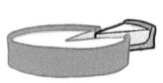

Portion

porcija

Espressomaschine

aparat za espresso

Hochstuhl

visoka stolica

Rechnung

račun

Tablett

poslužavnik

Messer

nož

Gabel

viljuška

Löffel

kašika

Teelöffel

čajna kašika

Serviette

salveta

Glas

čaša

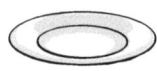

Teller

tanjir

Suppenteller

tanjir za supu

Untertasse

tanjirić

Sauce

sos

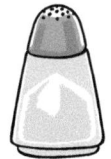

Salzstreuer

soljenka

Pfeffermühle

mlin za biber

Essig

sirće

Öl

ulje

Gewürze

začini

Ketchup

kečap

Senf

senf

Mayonnaise

majoneza

Supermarkt
supermarket

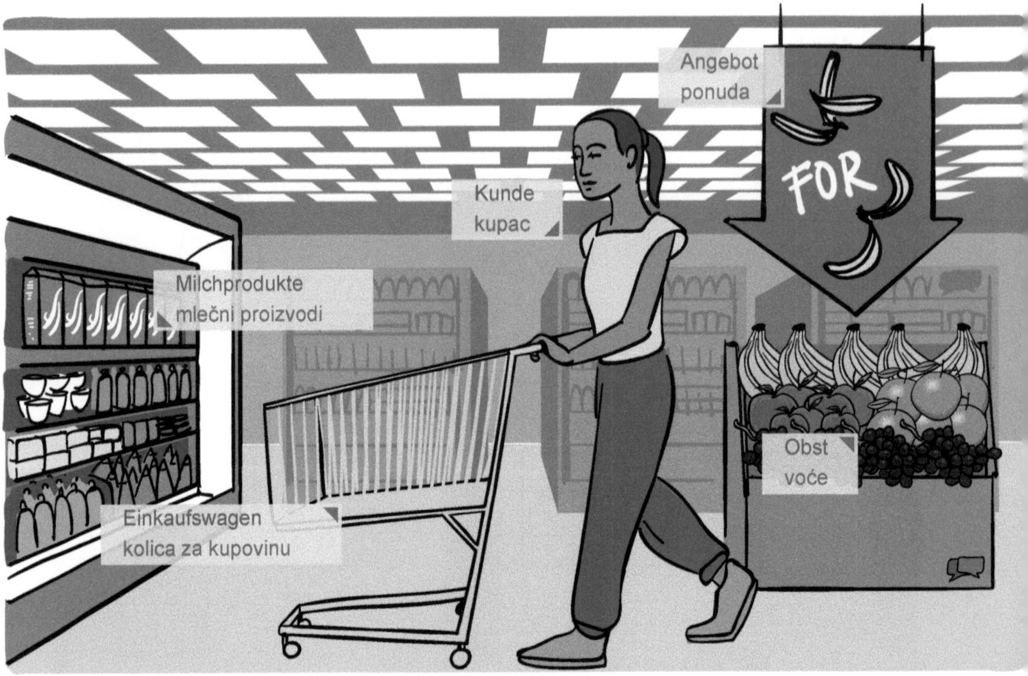

Angebot
ponuda
FOR
Kunde
kupac
Milchprodukte
mlečni proizvodi
Obst
voće
Einkaufswagen
kolica za kupovinu

BUTCHERS

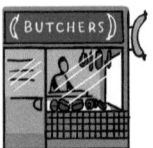

Schlachterei

mesnica

BAKERY

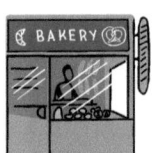

Bäckerei

pekara

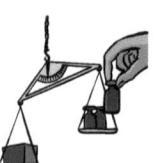

wiegen

vagati

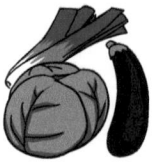

Gemüse

povrće

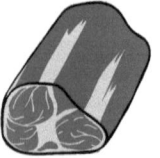

Fleisch

meso

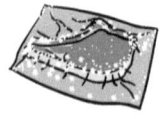

Tiefkühlkost

smrznuta hrana

Aufschnitt

narezak

Konserven

konzerve

Waschmittel

sredstvo za pranje

Süßigkeiten

slatkiši

Haushaltsartikel

artikli za domaćinstvo

Reinigungsmittel

sredstva za čišćenje

Verkäuferin

prodavačica

Kasse

blagajna

Kassierer

blagajnik

Einkaufsliste

lista za kupovinu

Öffnungszeiten

vreme rada

Brieftasche

novčanik

Kreditkarte

kreditna kartica

Tasche

torba

Plastiktüte

plastična kesa

Wasser

voda

Saft

sok

Milch

mleko

Cola

kola

Wein

vino

Bier

pivo

Alkohol

alkohol

Kakao

kakao

Tee

čaj

Kaffee

kava

Espresso

espresso

Cappuccino

cappuccino

Banane

banana

Apfel

jabuka

Orange

narandža

Melone

lubenica

Zitrone

limun

Karotte

šargarepa

Knoblauch

beli luk

Bambus

bambus

Zwiebel

luk

Pilz

gljiva

Nüsse

orašasti plodovi

Nudeln

rezanci

Spaghetti

špagete

Reis

riža

Salat

salata

Pommes frites

pomfrit

Bratkartoffeln

pečeni krumpir

Pizza

pica

Hamburger

hamburger

Sandwich

sendvič

Schnitzel

šnicla

Schinken

šunka

Salami

salama

Wurst

kobasica

Huhn

kokoš

Braten

pečenje

Fisch

riba

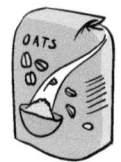		
Haferflocken	Müsli	Cornflakes
zobene pahuljice	musli	kukuruzne pahuljice

Mehl	Croissant	Brötchen
brašno	kroasan	pecivo

Brot	Toast	Kekse
hleb	toast	keksi

Butter	Quark	Kuchen
maslac	sveži sir	kolač
		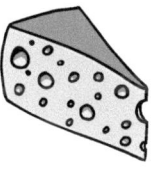
Ei	Spiegelei	Käse
jaje	jaje na oko	sir

Eiscreme

sladoled

Zucker

šećer

Honig

med

Marmelade

marmelada

Nougat-Creme

nugat krema

Curry

kari

Bauernhof
seosko gazdinstvo

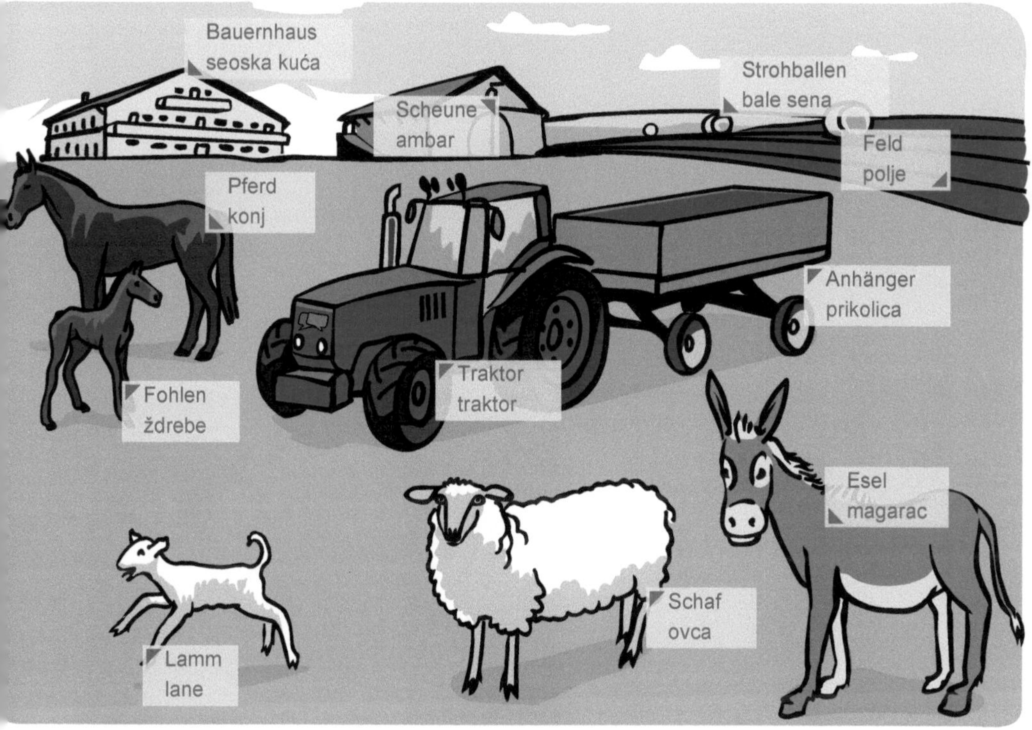
Bauernhaus
seoska kuća
Scheune
ambar
Strohballen
bale sena
Feld
polje
Pferd
konj
Anhänger
prikolica
Traktor
traktor
Fohlen
ždrebe
Esel
magarac
Schaf
ovca
Lamm
lane

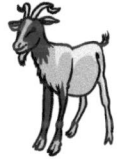

Ziege
koza

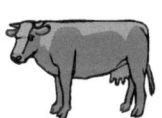

Kuh
krava

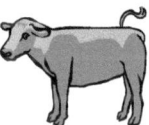

Kalb
tele

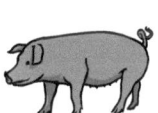

Schwein
svinja

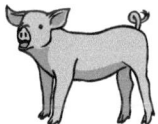

Ferkel
prase

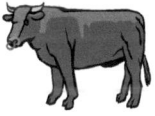

Bulle
bik

Gans

guska

Ente

patka

Küken

pilići

Huhn

kokoš

Hahn

petao

Ratte

pacov

Katze

mačka

Maus

miš

Ochse

vol

Hund

pas

Hundehütte

kućica za psa

Gartenschlauch

vrtno crevo

Gießkanne

kanta za polivanje

Sense

kosa

Pflug

plug

x

Sichel

srp

Hacke

motika

Mistgabel

viljuška za đubrivo

Axt

sekira

Schubkarre

tačke

Trog

korito

Milchkanne

posuda za mleko

Sack

vreća

Zaun

ograda

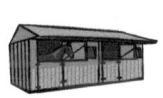

Stall

štala

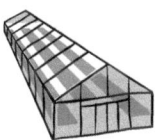

Treibhaus

staklenik

Boden

zemlja

Saat

seme

Dünger

đubrivo

Mähdrescher

kombajn

ernten

žeti

Ernte

žetva

Yamswurzel

jams začin

Weizen

pšenica

Soja

soja

Kartoffel

krumpir

Mais

kukuruz

Raps

uljana repica

Obstbaum

voćka

Maniok

gomolj manioke

Getreide

žitarice

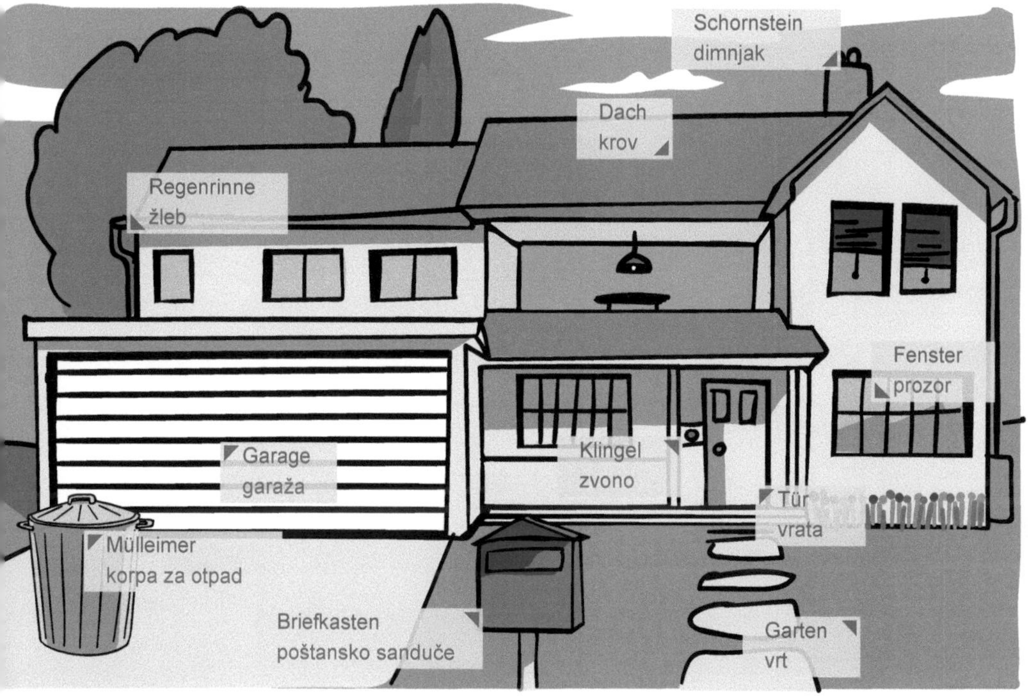

Schornstein
dimnjak

Dach
krov

Regenrinne
žleb

Fenster
prozor

Garage
garaža

Klingel
zvono

Tür
vrata

Mülleimer
korpa za otpad

Briefkasten
poštansko sanduče

Garten
vrt

Wohnzimmer

dnevna soba

Badezimmer

kupaonica

Küche

kuhinja

Schlafzimmer

spavaća soba

Kinderzimmer

dečija soba

Esszimmer

trpezarija

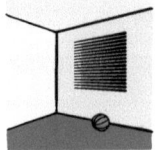

Boden

pod

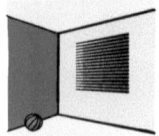

Wand

zid

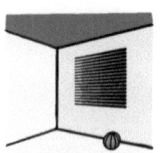

Decke

strop

Keller

podrum

Sauna

sauna

Balkon

balkon

Terrasse

terasa

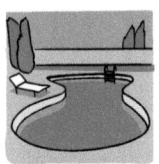

Schwimmbad

bazen

Rasenmäher

kosilica za travu

Bettbezug

posteljina za krevet

Bettdecke

deka za krevet

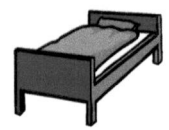

Bett

krevet

Besen

metla

Eimer

kanta

Schalter

prekidač

Wohnzimmer
dnevna soba

Tapete
tapeta
Bild
slika
Lampe
svetiljka
Regal
regal
Schrank
ormar
Fernseher
televizija
Kamin
kamin
Blume
cvijet
Kissen
jastuk
Sofa
kauč
Vase
vaza
Fernbedienung
daljinski upravljač

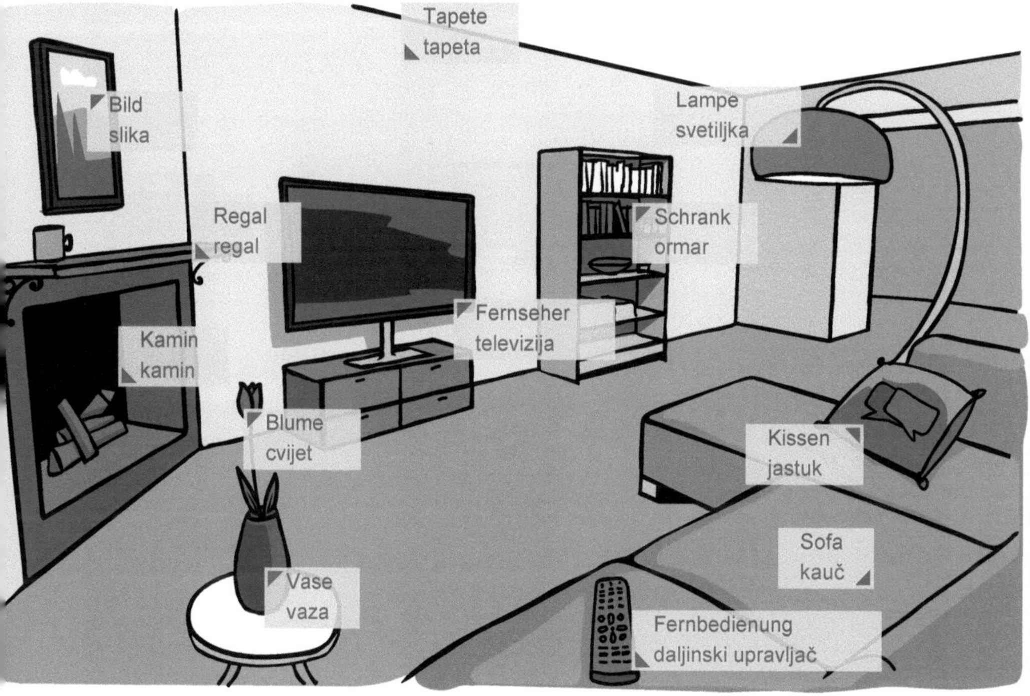

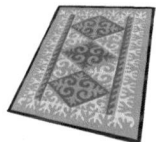

Teppich

tepih

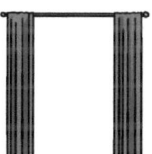

Vorhang

zavesa

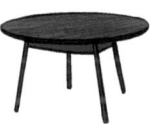

Tisch

sto

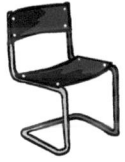

Stuhl

stolica

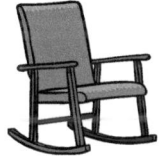

Schaukelstuhl

stolica za njihanje

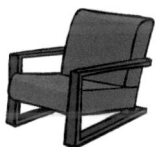

Sessel

fotelja

Buch

knjiga

Decke

deka

Dekoration

dekoracija

Feuerholz

drvo za ogrev

Film

film

Stereoanlage

hi-fi uređaj

Schlüssel

ključ

Zeitung

novine

Gemälde

slika na platnu

Poster

poster

Radio

radio

Notizblock

blok za pisanje

Staubsauger

usisivač

Kaktus

kaktus

Kerze

sveća

Küche
kuhinja

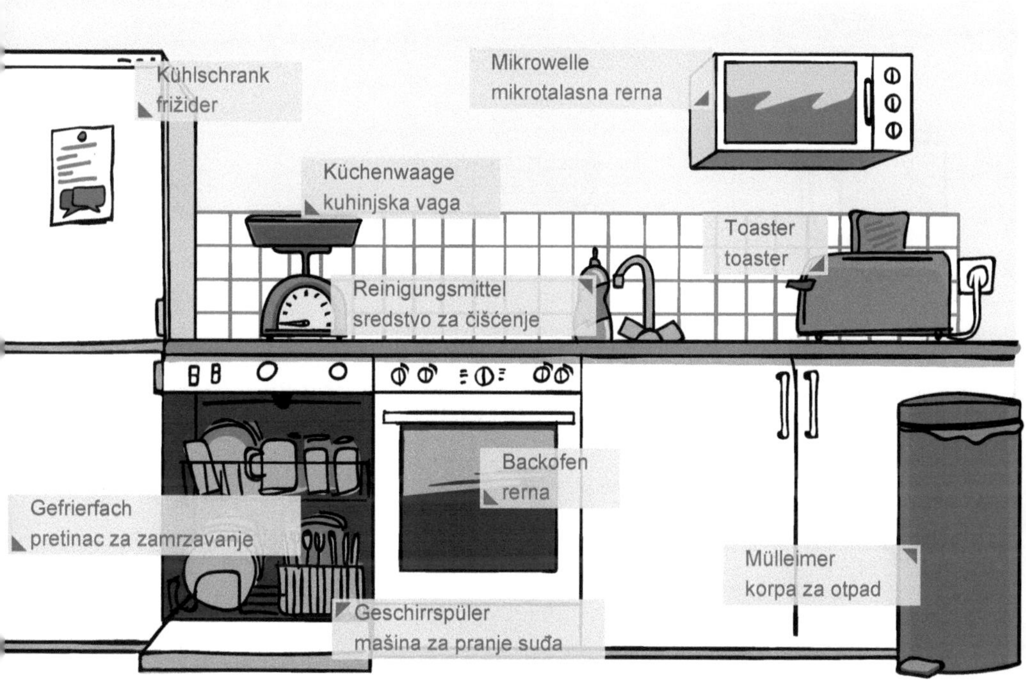
Kühlschrank
frižider
Mikrowelle
mikrotalasna rerna
Küchenwaage
kuhinjska vaga
Toaster
toaster
Reinigungsmittel
sredstvo za čišćenje
Backofen
rerna
Gefrierfach
pretinac za zamrzavanje
Mülleimer
korpa za otpad
Geschirrspüler
mašina za pranje suđa

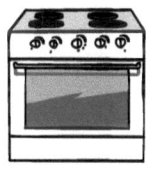

Herd
šporet

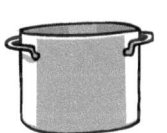

Topf
lonac

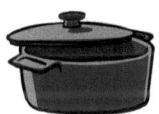

Eisentopf
gvozdeni lonac

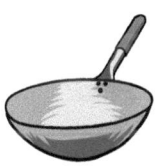

Wok / Kadai
wok / kadai

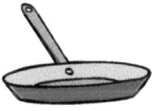

Pfanne
tava

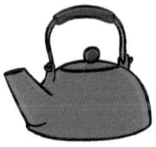

Wasserkocher
kuvalo za vodu

Dampfgarer

kuvalo na paru

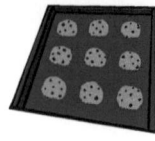

Backblech

lim za pečenje

Geschirr

posuđe

Becher

čaša

Schale

posuda

Essstäbchen

štapići za jelo

Suppenkelle

kutlača

Pfannenwender

lopatica

Schneebesen

penjača

Kochsieb

sito za kuvanje

Sieb

sito

Reibe

ribež

Mörser

mužar

Grill

roštilj

Feuerstelle

ognjište

Schneidebrett

daska

Nudelholz

oklagija

Korkenzieher

vadičep

Dose

konzerva

Dosenöffner

otvarač konzervi

Topflappen

krpa za lonac

Waschbecken

sudoper

Bürste

četka

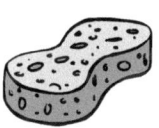

Schwamm

sunđer

Mixer

mikser

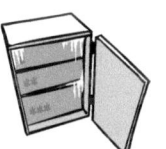

Gefriertruhe

zamrzivač

Babyflasche

flašica za bebe

Wasserhahn

slavina za vodu

Badezimmer
kupaonica

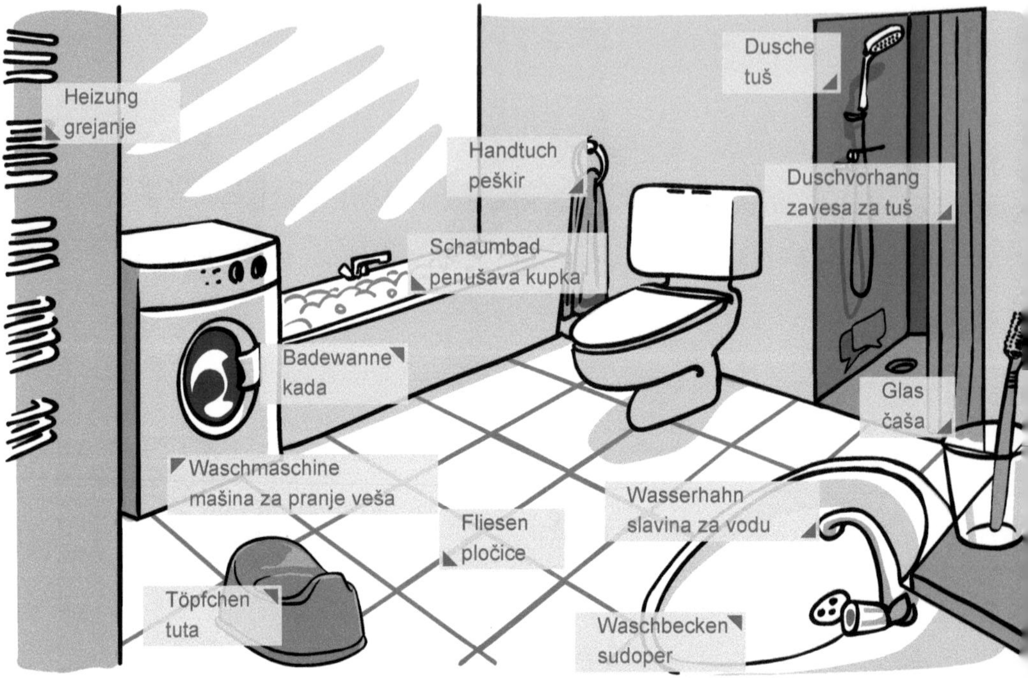
Heizung
grejanje
Handtuch
peškir
Dusche
tuš
Duschvorhang
zavesa za tuš
Schaumbad
penušava kupka
Badewanne
kada
Glas
čaša
Waschmaschine
mašina za pranje veša
Wasserhahn
slavina za vodu
Fliesen
pločice
Töpfchen
tuta
Waschbecken
sudoper

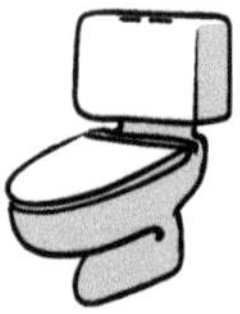

Toilette

toalet

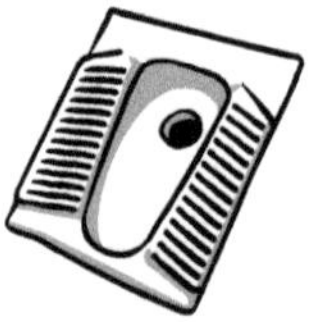

Hocktoilette

čučavac

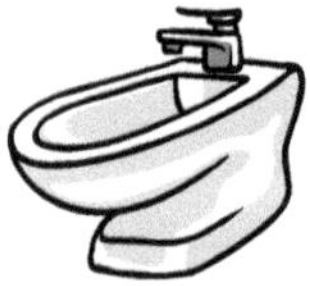

Bidet

bidet

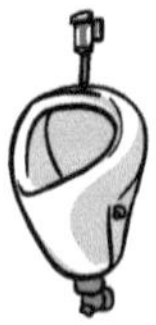

Pissoir

pisoar

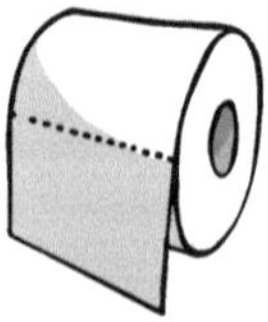

Toilettenpapier

toaletni papir

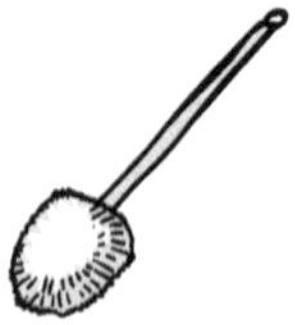

Toilettenbürste

četka za toalet

Zahnbürste

četkica za zube

Zahnpasta

pasta za zube

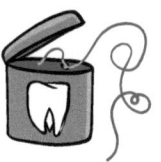

Zahnseide

konac za zube

waschen

prati

Handbrause

tuš ručica

Intimdusche

tuš za pranje intimnih delova

Waschschüssel

lavor

Rückenbürste

četka za pranje leđa

Seife

sapun

Duschgel

gel za tuširanje

Shampoo

šampon

Waschlappen

krpa za pranje

Abfluss

odvod

Creme

krema

Deodorant

dezodorans

Spiegel

ogledalo

Kosmetikspiegel

kozmetičko ogledalo

Rasierer

brijač

Rasierschaum

pena za brijanje

Rasierwasser

losion za posle brijanja

Kamm

češalj

Bürste

četka

Föhn

fen za kosu

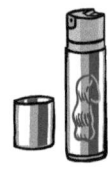

Haarspray

sprej za kosu

Makeup

makeup

Lippenstift

ruž za usne

Nagellack

lak za nokte

Watte

vata

Nagelschere

makaze za nokte

Parfum

parfem

Kulturbeutel

kozmetička torbica

Hocker

stolica

Waage

vaga

Bademantel

ogrtač

Gummihandschuhe

rukavice **za** čišćenje

Tampon

tampon

Damenbinde

uložak

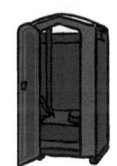

Chemietoilette

hemijski toalet

Kinderzimmer

dečija soba

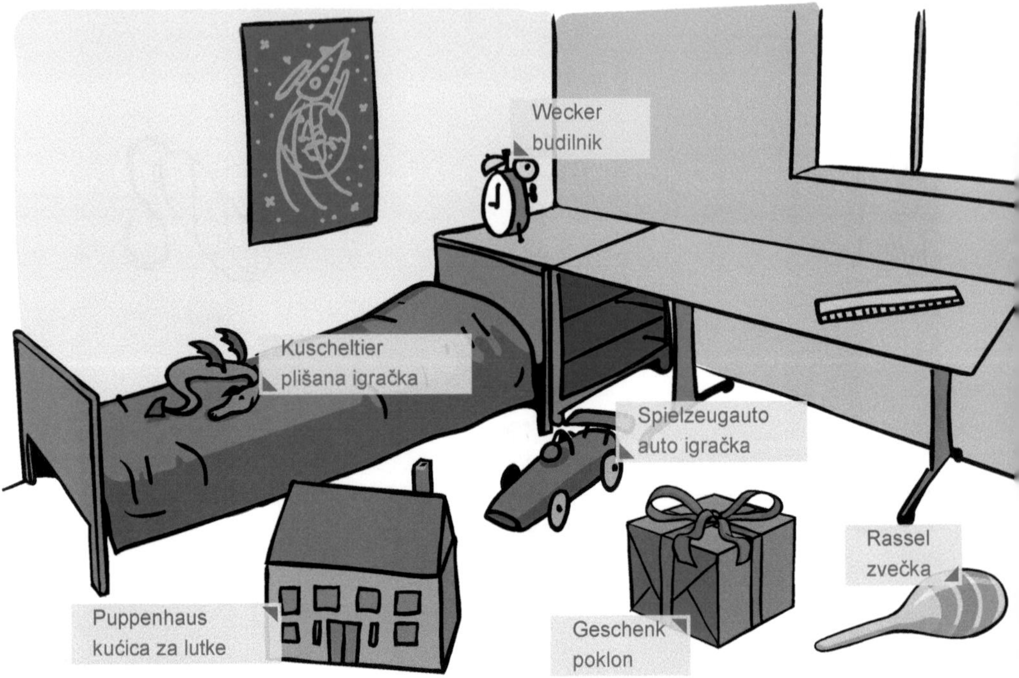
Wecker
budilnik
Kuscheltier
plišana igračka
Spielzeugauto
auto igračka
Rassel
zvečka
Puppenhaus
kućica za lutke
Geschenk
poklon

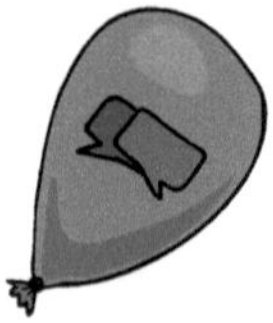

Ballon
balon

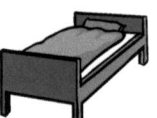

Bett
krevet

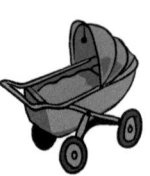

Kinderwagen
dječija kolica

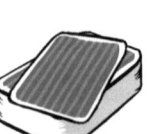

Kartenspiel
igra s kartama

Puzzle
slagalica

SUPER
MEGA

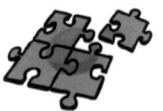

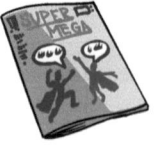

Comic
strip

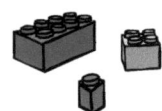

Legosteine

lego kockice

Bausteine

kockice za slaganje

Action Figur

akcioni junak

Strampelanzug

benkica za bebe

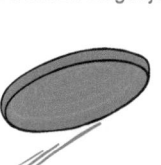

Frisbee

frizbi

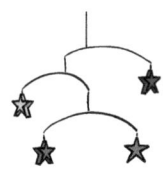

Mobile

viseće igračke

Brettspiel

društvene igre

Würfel

kocka

Modelleisenbahn

minijaturna željeznica

Schnuller

duda

Party

zabava

Bilderbuch

slikovnica

Ball

lopta

Puppe

lutka

spielen

igrati

Sandkasten

pješčanik

Schaukel

ljuljačka

Spielzeug

igračka

Spielkonsole

konzola za igre

Dreirad

tricikl

Teddy

tedi

Kleiderschrank

ormar

Kleidung

odeća

Socken

kratke čarape

Strümpfe

čarape

Strumpfhose

hulahopke

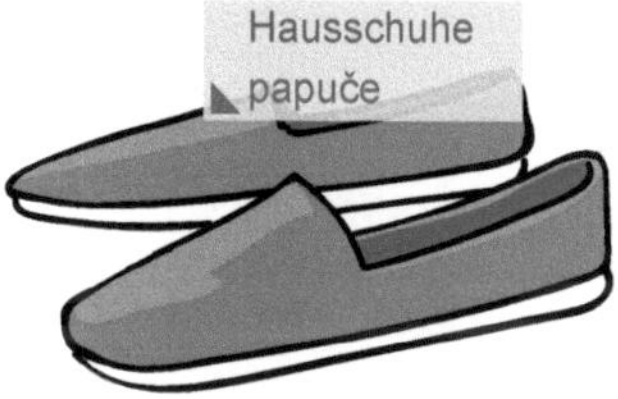

Schal
šal

Regenschirm
kišobran

T-Shirt
majica

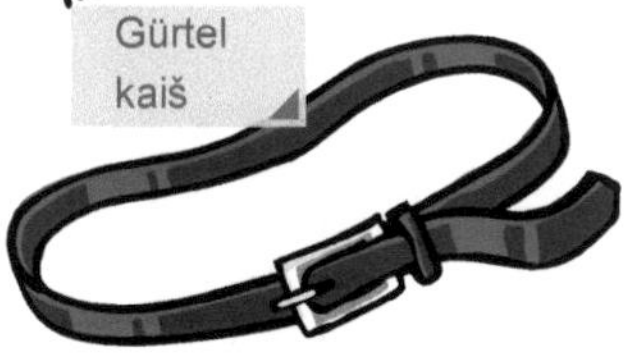

Gürtel
kaiš

Stiefel
čizme

Hausschuhe
papuče

Turnschuhe
patike

Sandalen
....
sandale

Schuhe
....
cipele

Gummistiefel
....
gumene čizme

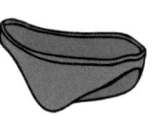

Unterhose
....
gaćice

Büstenhalter
....
grudnjak

Unterhemd
....
potkošulja

Body
....
bodi

Hose
....
pantalone

Jeans
....
farmerke

Rock
....
suknja

Bluse
....
bluza

Hemd
....
košulja

Pullover
....
džemper

Kapuzenpullover
....
džemper s kapuljačom

Blazer
....
sako

Jacke
....
jakna

Mantel
....
kaput

Regenmantel
....
kabanica

Kostüm
....
kostim

Kleid
....
haljina

Hochzeitskleid
....
venčanica

Anzug

odelo

Nachthemd

spavaćica

Schlafanzug

pidžama

Sari

sari

Kopftuch

marama za glavu

Turban

turban

Burka

burka

Kaftan

kaftan

Abaya

abaja

Badeanzug

kupaći kostim

Badehose

kupaće gaćice

Kurze Hose

kratke pantalone

Trainingsanzug

odeća za trening

Schürze

kecelja

Handschuhe

rukavice

Knopf

dugme

Brille

naočare

Armband

narukvica

Halskette

ogrlica

Ring

prsten

Ohrring

naušnica

Mütze

kapa

Kleiderbügel

vešalica

Hut

šešir

Krawatte

kravata

Reißverschluss

patent zatvarač

Helm

kaciga

Hosenträger

naramenice

Schuluniform

školska uniforma

Uniform

uniforma

Lätzchen

podbradak

Schnuller

duda

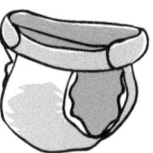

Windel

pelena

Büro
kancelarija

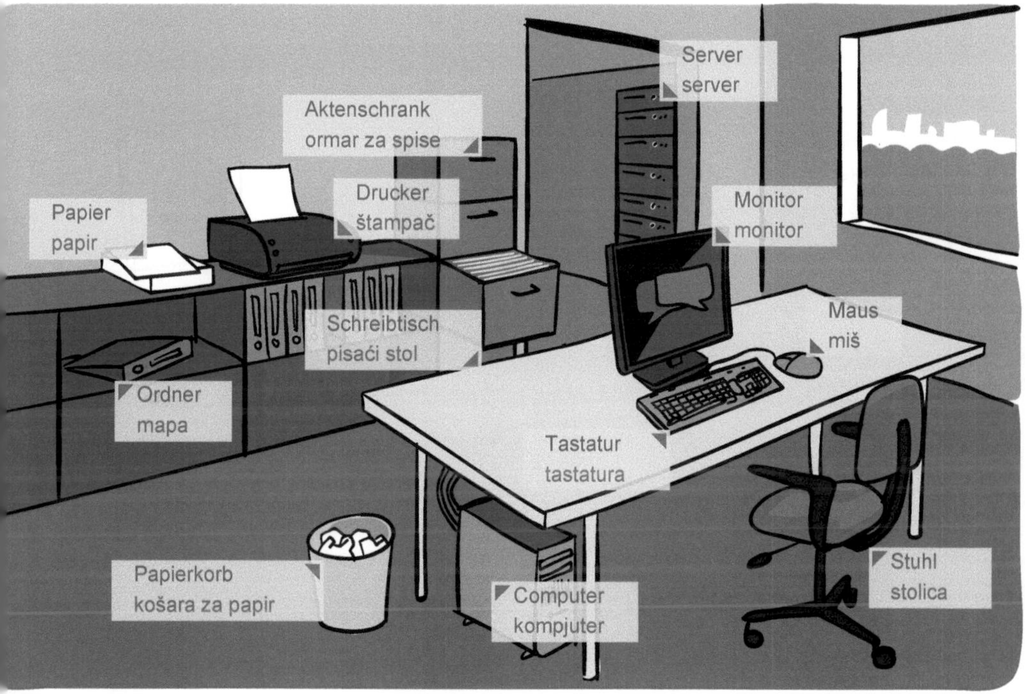

Server
server

Aktenschrank
ormar za spise

Drucker
štampač

Monitor
monitor

Papier
papir

Maus
miš

Schreibtisch
pisaći stol

Ordner
mapa

Tastatur
tastatura

Papierkorb
košara za papir

Stuhl
stolica

Computer
kompjuter

Kaffeebecher

šalica za kavu

Taschenrechner

kalkulator

Internet

internet

Laptop

laptop

Brief

pismo

Nachricht

poruka

Handy

mobilni telefon

Netzwerk

mreža

Kopierer

uređaj za kopiranje

Software

softver

Telefon

telefon

Steckdose

utičnica

Fax

faks

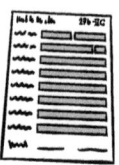

Formular

formular

Dokument

dokument

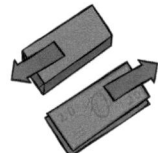

kaufen

kupovati

bezahlen

platiti

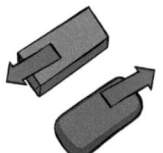

handeln

trgovati

Geld

novac

Dollar

dolar

Euro

evro

Yen

jen

Rubel

rublja

Franken

švajcarski franak

Renminbi Yuan

renmindbi juan

Rupie

rupija

Geldautomat

automat za novac

Wechselstube

menjačnica

Gold

zlato

Silber

srebro

Öl

nafta

Energie

energija

Preis

cena

Vertrag

ugovor

Steuer

porez

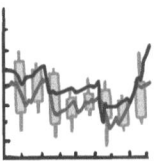

Aktie

deonica

arbeiten

raditi

Angestellter

službenik

Arbeitgeber

poslodavac

Fabrik

fabrika

Geschäft

prodavnica

Berufe
zanimanja

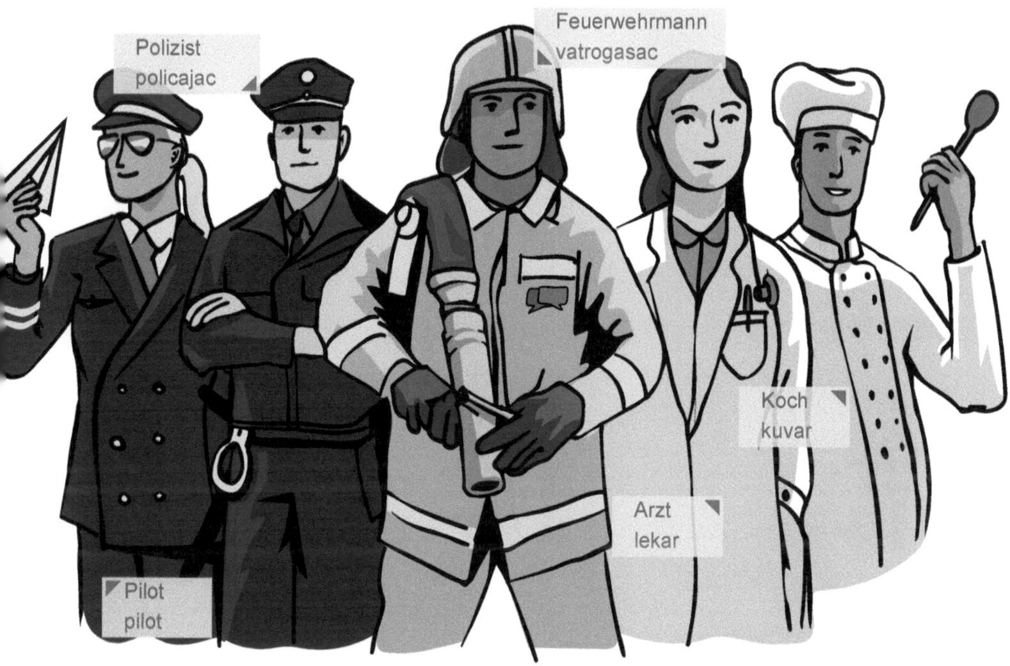
Polizist
policajac
Feuerwehrmann
vatrogasac
Koch
kuvar
Arzt
lekar
Pilot
pilot

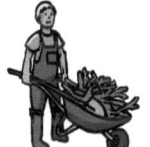

Gärtner

vrtlar

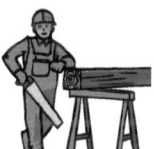

Tischler

stolar

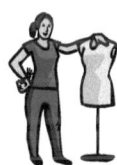

Näherin

krojačica

Richter

sudija

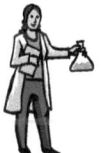

Chemiker

hemičar

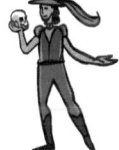

Schauspieler

glumac

Busfahrer

vozač autobusa

Taxifahrer

vozač taksija

Fischer

ribar

Putzfrau

čistačica

Dachdecker

krovopokrivač

Kellner

konobar

Jäger

lovac

Maler

slikar

Bäcker

pekar

Elektriker

električar

Bauarbeiter

građevinski radnik

Ingenieur

inženjer

Schlachter

mesar

Klempner

limar

Postbote

poštar

Soldat

vojnik

Architekt

arhitekta

Kassierer

blagajnik

Florist

cvećar

Friseur

frizer

Schaffner

kondukter

Mechaniker

mehaničar

Kapitän

kapetan

Zahnarzt

zubar

Wissenschaftler

naučnik

Rabbi

rabi

Imam

imam

Mönch

monah

Geistlicher

svećenik

Werkzeuge

alati

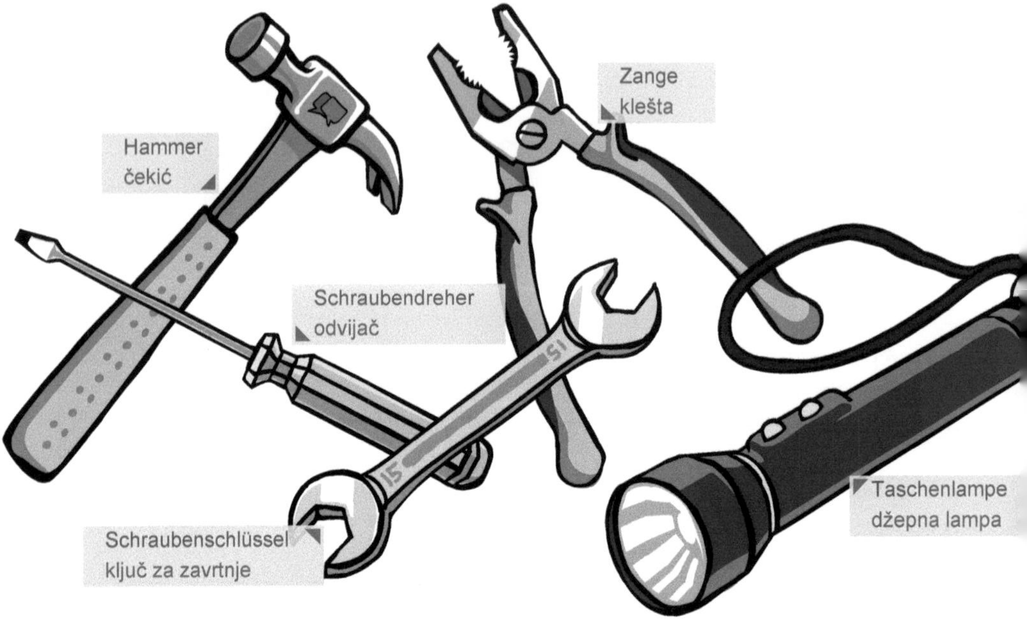

Zange
klešta
Hammer
čekić
Schraubendreher
odvijač
Schraubenschlüssel
ključ za zavrtnje
Taschenlampe
džepna lampa

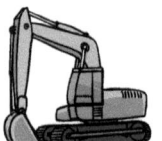

Bagger

bager

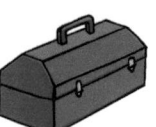

Werkzeugkasten

kutija za alat

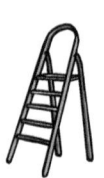

Leiter

merdevine

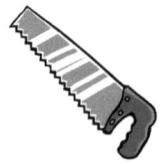

Säge

pila

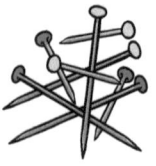

Nägel

ekser

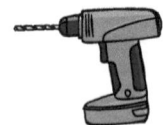

Bohrer

bušilica

reparieren

popraviti

Schaufel

lopata

Mist!

do đavola!

Kehrblech

lopatica

Farbtopf

lonac za boju

Schrauben

zavrtanji

Musikinstrumente
muzički instrument

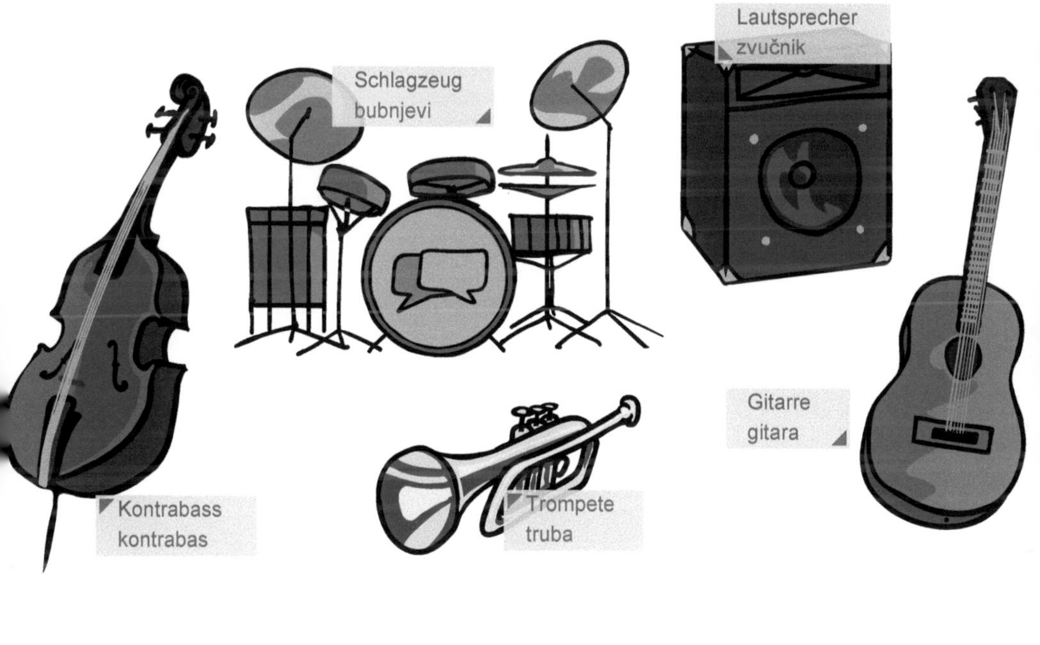

Schlagzeug
bubnjevi

Lautsprecher
zvučnik

Gitarre
gitara

Kontrabass
kontrabas

Trompete
truba

Klavier

klavir

Violine

violina

Bass

bas

Pauke

timpani

Trommeln

udaraljke za bubnjeve

Keyboard

tipke klavira

Saxophon

saksofon

Flöte

flauta

Mikrofon

mikrofon

Zoo

zoološki vrt

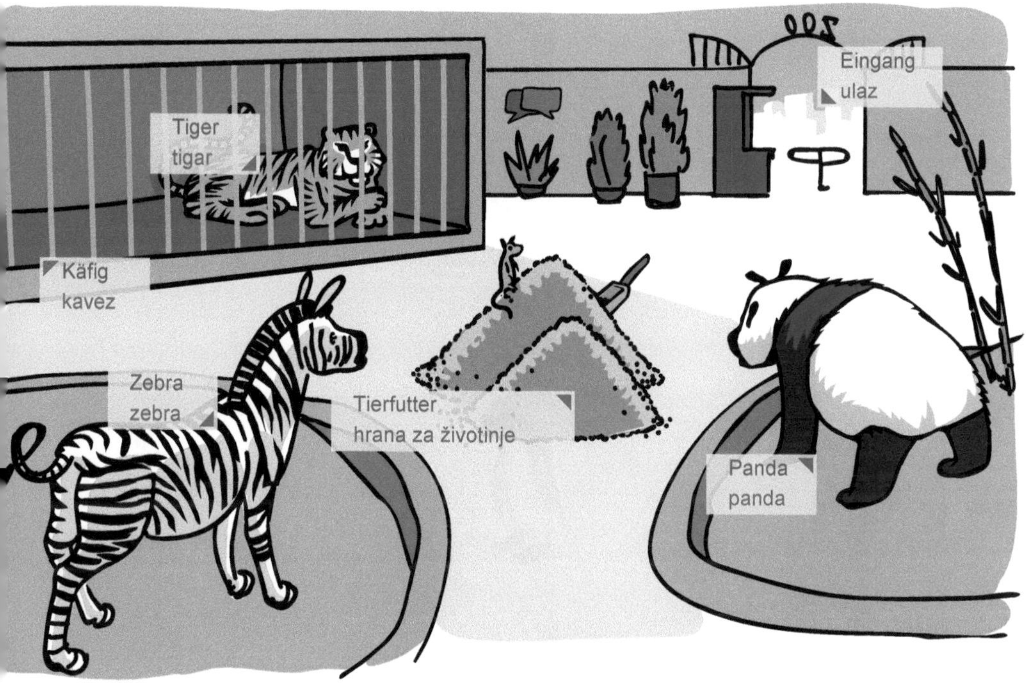

Tiger
tigar
Käfig
kavez
Eingang
ulaz
Zebra
zebra
Tierfutter
hrana za životinje
Panda
panda

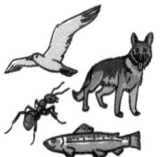

Tiere
životinje

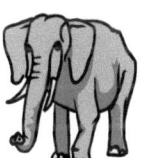

Elefant
slon

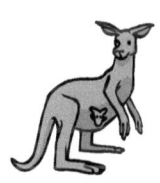

Känguru
kengur

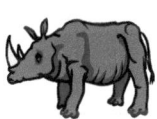

Nashorn
nosorog

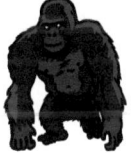

Gorilla
gorila

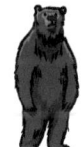

Bär
medved

Kamel

kamila

Strauß

noj

Löwe

lav

Affe

majmun

Flamingo

flamingo

Papagei

papagaj

Eisbär

polarni medved

Pinguin

pingvin

Hai

ajkula

Pfau

paun

Schlange

zmija

Krokodil

krokodil

Zoowärter

čuvar u zoološkom vrtu

Robbe

tuljan

Jaguar

jaguar

Pony

poni

Leopard

leopard

Nilpferd

nilski konj

Giraffe

žirafa

Adler

orao

Wildschwein

divlja svinja

Fisch

riba

Schildkröte

kornjača

Walross

morž

Fuchs

lisica

Gazelle

gazela

American Football
američki nogomet

Radfahren
biciklizam

Tennis
tenis

Basketball
košarka

Schwimmen
plivanje

Boxen
boks

Eishockey
hokej na ledu

Fußball

fudbal

Badminton

badminton

Leichtathletik

atletika

Handball

rukomet

Skilaufen

skijanje

Polo

polo

Aktivitäten
aktivnosti

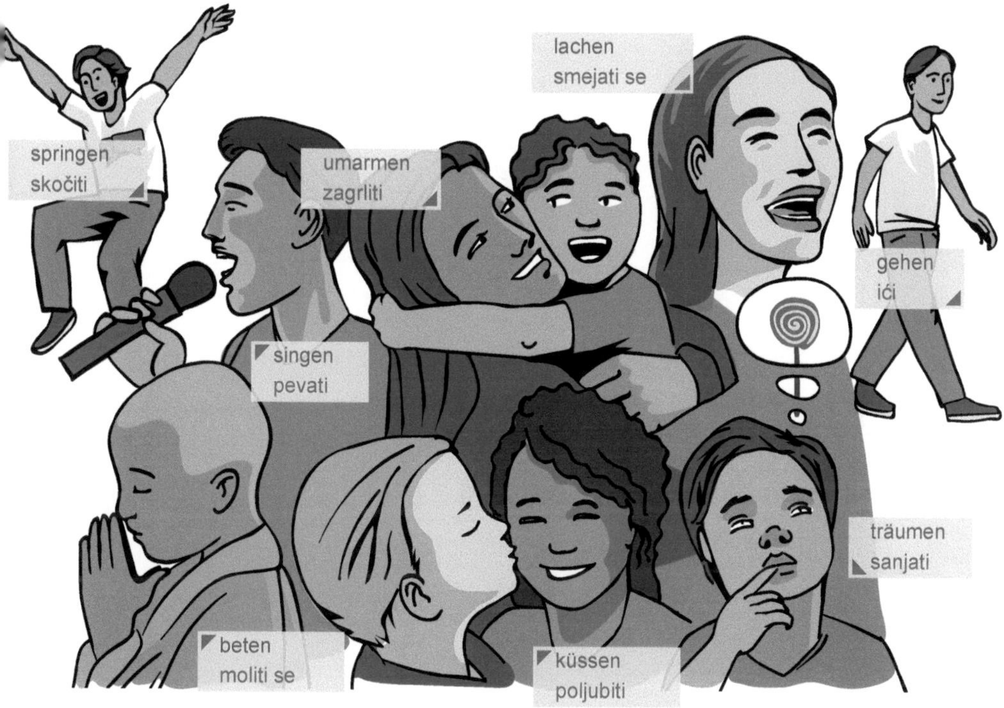

lachen
smejati se
springen
skočiti
umarmen
zagrliti
gehen
ići
singen
pevati
träumen
sanjati
beten
moliti se
küssen
poljubiti

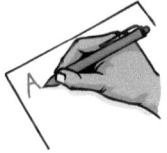

schreiben

pisati

zeichnen

crtati

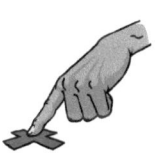

zeigen

pokazati

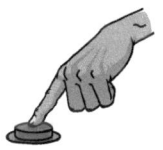

drücken

gurati

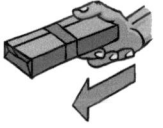

geben

dati

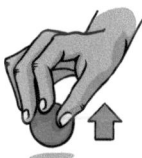

nehmen

uzeti

haben

imati

tun

činiti

sein

biti

stehen

stojati

laufen

trčati

ziehen

povlačiti

werfen

baciti

fallen

padati

liegen

ležati

warten

čekati

tragen

nositi

sitzen

sediti

anziehen

oblačiti

schlafen

spavati

aufwachen

probuditi se

ansehen

gledati

weinen

plakati

streicheln

milovati

kämmen

češljati

reden

govoriti

verstehen

razumeti

fragen

pitati

hören

slušati

trinken

piti

essen

jesti

aufräumen

pospremiti

lieben

voleti

kochen

kuhati

fahren

voziti

fliegen

leteti

segeln

ploviti

rechnen

računati

lesen

čitati

lernen

učiti

arbeiten

raditi

heiraten

venčati se

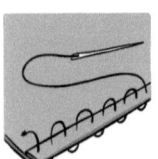

nähen

šiti

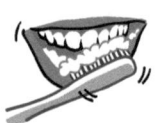

Zähne putzen

prati zube

töten

ubiti

rauchen

pušiti

senden

poslati

Familie
porodica

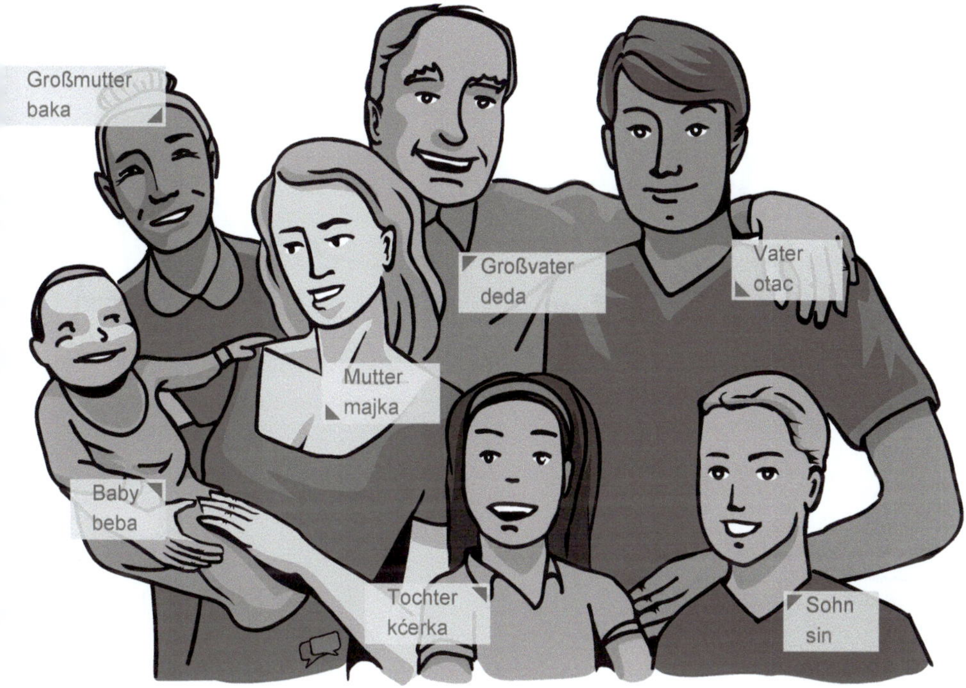

Großmutter
baka
Großvater
deda
Vater
otac
Mutter
majka
Baby
beba
Tochter
kćerka
Sohn
sin

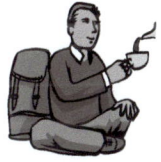

Gast
gost

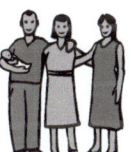

Tante
tetka

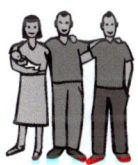

Onkel
ujak, stric

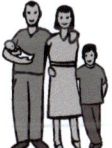

Bruder
brat

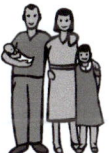

Schwester
sestra

Körper

telo

Stirn
čelo
Auge
oko
Schulter
rame
Finger
prst
Gesicht
lice
Kinn
brada
Hand
ruka
Bein
noga
Brust
grudi
Arm
ruka

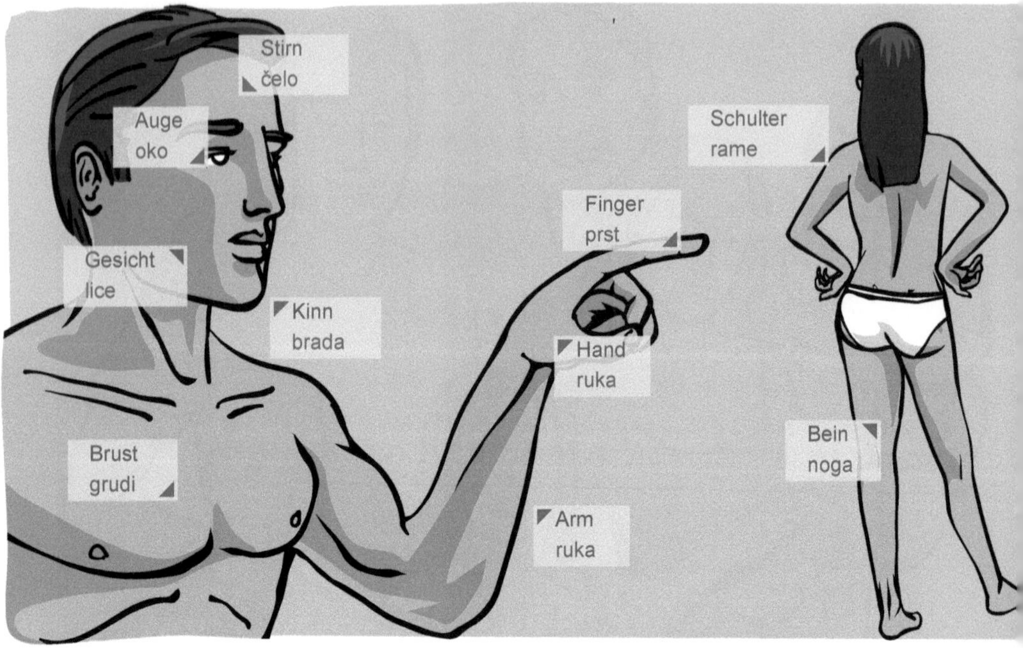

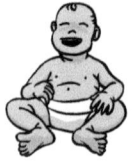

Baby

beba

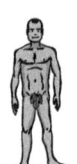

Mann

muškarac

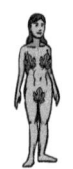

Frau

žena

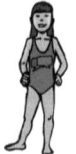

Mädchen

devojčica

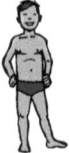

Junge

dečak

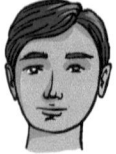

Kopf

glava

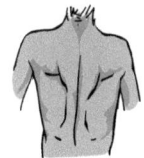

Rücken

leđa

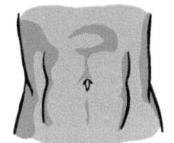

Bauch

stomak

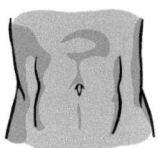

Nabel

pupak

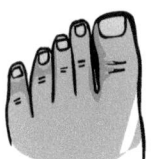

Zeh

nožni prst

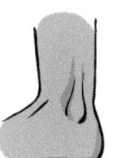

Ferse

peta

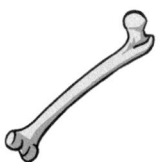

Knochen

kost

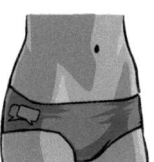

Hüfte

kukovi

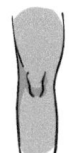

Knie

koleno

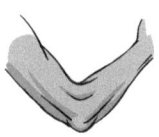

Ellenbogen

lakat

Nase

nos

Gesäß

zadnjica

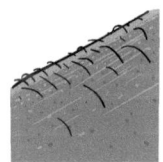

Haut

koža

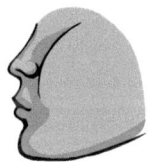

Wange

obraz

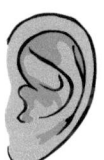

Ohr

uvo

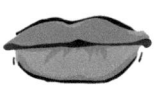

Lippe

usna

Mund

usta

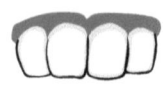

Zahn

zub

Zunge

jezik

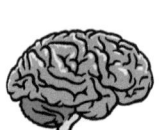

Gehirn

mozak

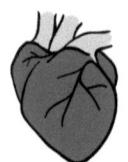

Herz

srce

Muskel

mišić

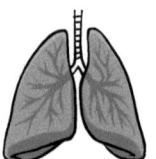

Lunge

pluća

Leber

jetra

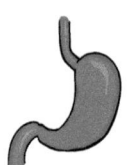

Magen

želudac

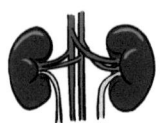

Nieren

bubrezi

Geschlechtsverkehr

polni odnos

Kondom

kondom

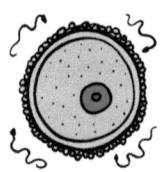

Eizelle

jajna ćelija

Sperma

sperma

Schwangerschaft

trudnoća

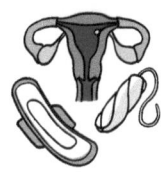

Menstruation

menstruacija

Vagina

vagina

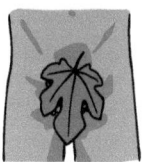

Penis

penis

Augenbraue

obrva

Haar

kosa

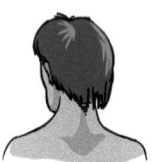

Hals

vrat

Krankenhaus
bolnica

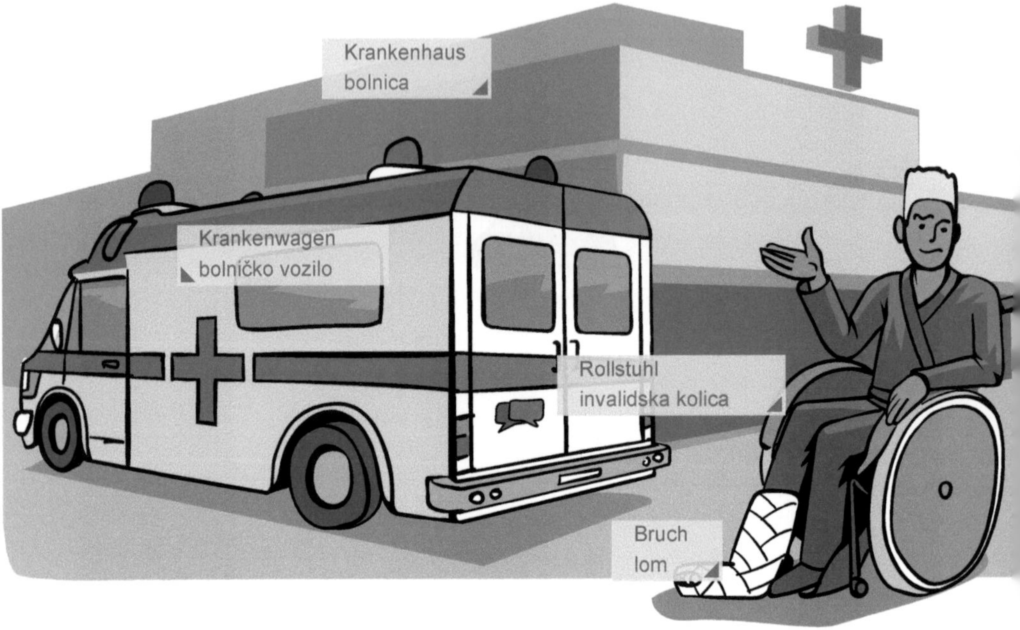

Krankenhaus
bolnica
Krankenwagen
bolničko vozilo
Rollstuhl
invalidska kolica
Bruch
lom

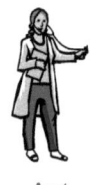

Arzt
lekar

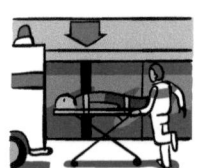

Notaufnahme
hitna medicinska služba

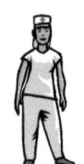

Krankenschwester
medicinska sestra

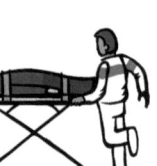

Notfall
hitni slučaj

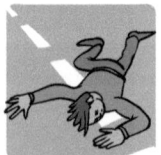

ohnmächtig
nesvest

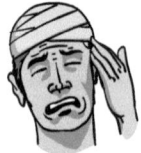

Schmerz
bol

	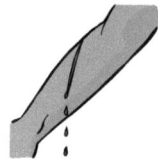	
Verletzung	Blutung	Herzinfarkt
povreda	krvarenje	srčani udar

Schlaganfall	Allergie	Husten
udar	alergija	kašalj

Fieber	Grippe	Durchfall
groznica	gripa	proliv
		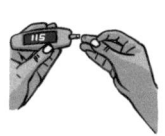
Kopfschmerzen	Krebs	Diabetis
glavobolja	rak	dijabetes

Chirurg	Skalpell	Operation
hirurg	skalpel	operacija

CT

ct

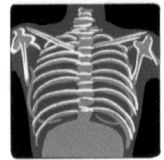

Röntgen

rentgen

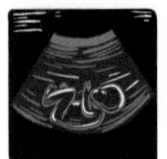

Ultraschall

ultrazvuk

Maske

maska

Krankheit

bolest

Wartezimmer

čekaona

Krücke

štaka

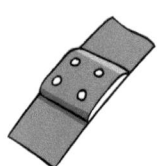

Pflaster

flaster

Verband

zavoj

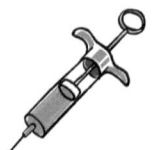

Injektion

injekcija

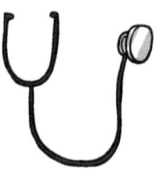

Stethoskop

stetoskop

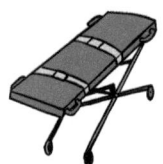

Trage

nosila

Thermometer

termometar

Geburt

rođenje

Übergewicht

prekomerna težina

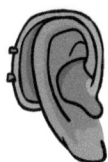

Hörgerät

slušni aparat

Desinfektionsmittel

sredstvo za dezinfekciju

Infektion

infekcija

Virus

virus

HIV / AIDS

HIV / AIDS

Medizin

medicina

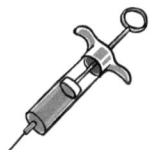

Impfung

vakcinacija

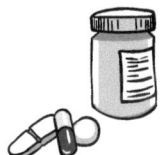

Tabletten

tablete

Pille

pilula

Notruf

hitni poziv

Blutdruck-Messgerät

uređaj za merenje pritiska

krank / gesund

bolesno / zdravo

Hilfe!

pomoć!

Alarm

alarm

Überfall

nasrtaj

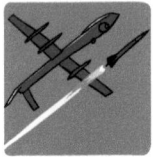

Angriff

napad

Gefahr

opasnost

Notausgang

izlaz u slučaju nužde

Feuer!

požar!

Feuerlöscher

protivpožarni aparat

Unfall

nezgoda

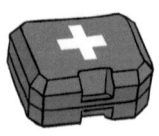

Erste-Hilfe-Koffer

kutija prve pomoći

SOS

sos

Polizei

policija

Europa

Evropa

Nordamerika

Severna Amerika

Südamerika

Južna Amerika

Afrika

Afrika

Asien

Azija

Australien

Australija

Atlantik

Atlantik

Pazifik

Pacifik

Indischer Ozean

Indijski okean

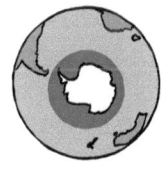

Antarktischer Ozean

Antarktički okean

Arktischer Ozean

Arktički ocean

Nordpol

Severni pol

Südpol

Južni pol

Antarktis

Antarktik

Erde

zemlja

Land

zemlja

Meer

more

Insel

otok

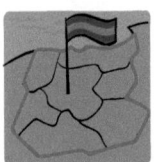

Nation

nacija

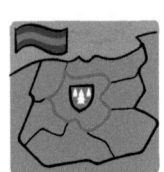

Staat

država

Zifferblatt

brojčanik sata

Stundenzeiger

satna kazaljka

Minutenzeiger

minutna kazaljka

Sekundenzeiger

sekundna kazaljka

Wie spät ist es?

Koliko je sati?

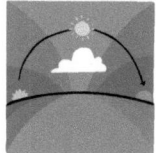

Tag

dan

Zeit

vreme

jetzt

sada

Digitaluhr

digitalni sat

Minute

minuta

Stunde

čas

Woche
sedmica

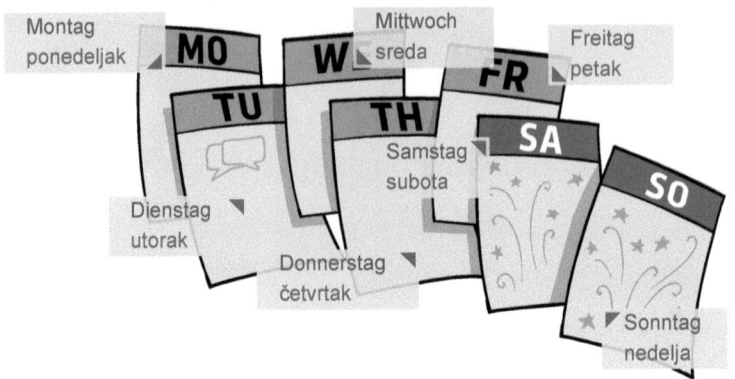

Montag
ponedeljak

Mittwoch
sreda

Freitag
petak

Dienstag
utorak

Donnerstag
četvrtak

Samstag
subota

Sonntag
nedelja

gestern

juče

heute

danas

morgen

sutra

Morgen

jutro

Mittag

podne

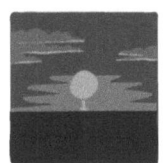

Abend

veče

Arbeitstage

radni dani

Wochenende

vikend

Regen
kiša

Regenbogen
duga

Wind
vetar

Schnee
sneg

Frühling
proleće

Herbst
jesen

Sommer
leto

Winter
zima

4.APRIL 11° ☀		
5.APRIL 4° ☁		
6.APRIL 13° ☁		
7.APRIL 8° ☀		
8.APRIL 10° ☀		

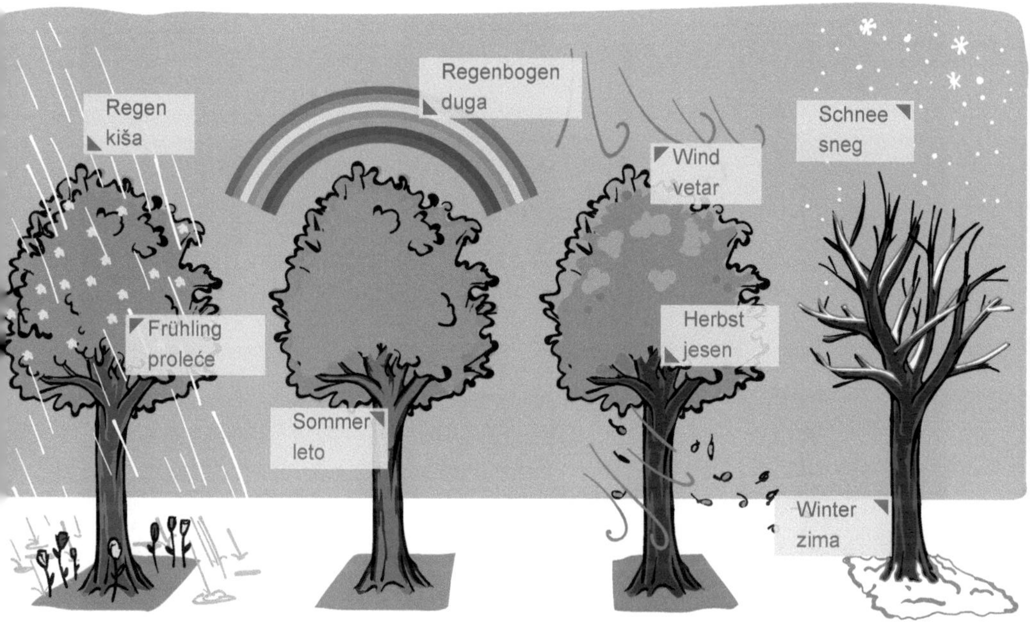

Wettervorhersage

meteorološka prognoza

Thermometer

termometar

Sonnenschein

sunčana svetlost

Wolke

oblak

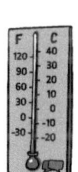

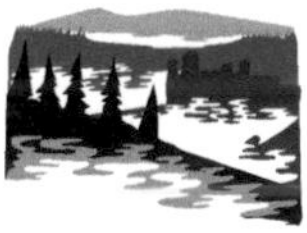

Nebel

magla

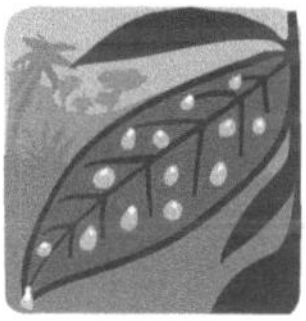

Luftfeuchtigkeit

vlažnost vazduha

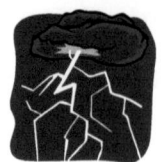

Blitz

munja

Donner

grmljavina

Sturm

oluja

Hagel

tuča

Monsun

monsun

Flut

poplava

Eis

led

Januar

januar

Februar

februar

März

mart

April

april

Mai

maj

Juni

juni

Juli

juli

August

avgust

Jahr - godina

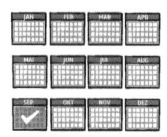

September
....
septembar

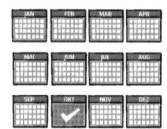

Oktober
....
oktobar

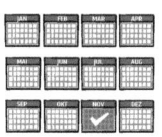

November
....
novembar

Dezember
....
decembar

Formen
oblici

Kreis
....
krug

Quadrat
....
kvadrat

Rechteck
....
pravougao

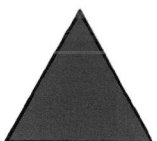

Dreieck
....
trougao

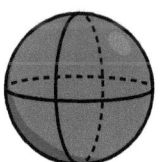

Kugel
....
kugla

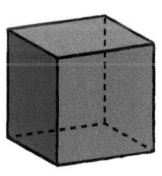

Würfel
....
kocka

weiß

bela

gelb

žuta

orange

narandžasta

pink

ružičasta

rot

crvena

lila

ljubičasta

blau

plava

grün

zelena

braun

smeđa

grau

siva

schwarz

crna

viel / wenig

mnogo / malo

wütend / friedlich

ljutito / mirno

hübsch / hässlich

lepo / ružno

Anfang / Ende

početak / kraj

groß / klein

veliko / maleno

hell / dunkel

svetlo / tamno

Bruder / Schwester

brat / sestra

sauber / schmutzig

čisto / prljavo

vollständig / unvollständig

potpuno / nepotpuno

Tag / Nacht

dan / noć

tot / lebendig

mrtvo / živo

breit / schmal

široko / usko

genießbar / ungenießbar

jestivo / nejestivo

böse / freundlich

zlo / dobro

aufgeregt / gelangweilt

uzbuđeno / dosadno

dick / dünn

debelo / mršavo

zuerst / zuletzt

na početku / na kraju

Freund / Feind

prijatelj / neprijatelj

voll / leer

puno / prazno

hart / weich

tvrdo / mekano

schwer / leicht

teško / lagano

Hunger / Durst

glad / žeđ

krank / gesund

bolesno / zdravo

illegal / legal

ilegalno / legalno

intelligent / dumm

pametno / glupo

links / rechts

levo / desno

nah / fern

blizu / daleko

neu / gebraucht

novo / polovno

nichts / etwas

ništa / nešto

alt / jung

staro / mlado

an / aus

uključeno / isključeno

offen / geschlossen

otvoreno / zatvoreno

leise / laut

tiho / glasno

reich / arm

bogato / siromašno

richtig / falsch

tačno / pogrešno

rau / glatt

hrapavo / glatko

traurig / glücklich

tužno / sretno

kurz / lang

kratko / dugo

langsam / schnell

polako / brzo

nass / trocken

mokro / suho

warm / kühl

toplo / hladno

Krieg / Frieden

rat / mir

0	**1**	**2**
null	eins	zwei
nula	jedan	dva

3	**4**	**5**
drei	vier	fünf
tri	četiri	pet

6	**7**	**8**
sechs	sieben	acht
šest	sedam	osam

9	**10**	**11**
neun	zehn	elf
devet	deset	jedanaest

12

zwölf
dvanaest

13

dreizehn
trinaest

14

vierzehn
četrnaest

15

fünfzehn
petnaest

16

sechzehn
šestnaest

17

siebzehn
sedamnaest

18

achtzehn
osamnaest

19

neunzehn
devetnaest

20

zwanzig
dvadeset

100

hundert
stotinu

1.000

tausend
hiljadu

1.000.000

million
milion

Sprachen
jezici

Englisch
....
engleski

Amerikanisches Englisch
....
američki engleski

Chinesisch Mandarin
....
mandarinski kineski

Hindi
....
hindski

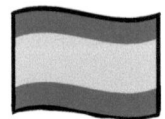

Spanisch
....
španski

Französisch
....
francuski

Arabisch
....
arapski

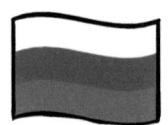

Russisch
....
ruski

Portugiesisch
....
portugalski

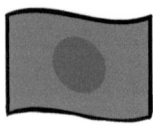

Bengalisch
....
bengalski

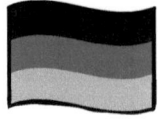

Deutsch
....
nemački

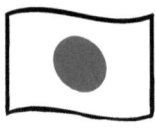

Japanisch
....
japanski

ich
ja

du
ti

er / sie / es
on / ona / ono

wir
mi

ihr
vi

sie
oni

wer?
Ko?

was?
Šta?

wie?
Kako?

wo?
Gde?

wann?
Kada?

Name
ime

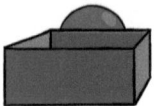

hinter
....
iza

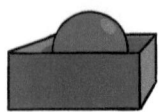

in
....
u

vor
....
ispred

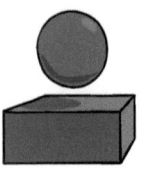

über
....
preko

auf
....
na

unter
....
ispod

neben
....
pored

zwischen
....
između

Ort
....
mesto